1
災害はどうして起きるのか

◎災害発生のしくみ

　職場では慣れない機械を扱ったり、危ない場所で作業をすることがあります。ケガをせずに安全に作業を行うにはどのようなことに気をつければよいでしょうか。

　まずケガの原因となる災害はどうして起きるのかを考えてみましょう。

　災害は機械設備や作業場所などの不安全な状態、作業者の不安全な行動（動作）が原因で起きており、事故の多くがそれら二つの原因が重なったときに起きています。

　たとえば…

通路にエアホースが置かれていた
不安全な状態

×

作業者が走っていた
不安全な行動

↓

転ぶ

↓

打撲（ケガ）

◎災害を防ぐには

　職場から不安全な状態や不安全な行動をなくすことが災害を防ぐ決め手となります。

　そのために会社ではいろいろな安全ルールを決め、みなさんに教育をしています。みなさんはルールを守り、不安全な状態にしたり、不安全な行動をしないようにしましょう。

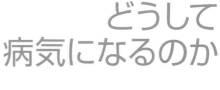

2 どうして病気になるのか

◎規則正しい生活をしよう

　仕事の責任を果たすためには、いつも心とからだを健康な状態にしておくことが大切です。

　病気の原因には睡眠不足、暴飲暴食、運動不足、ストレスなど、生活行動に問題がある場合があります。仕事に支障をきたさないように睡眠や休養、栄養を十分にとり、規則正しい生活を送りましょう。また、休みの日には体を動かしたり、趣味などで気分転換を図ることも健康確保には大切です。

◎自分の健康は自分で守る

　作業によって健康を損なうことがないように、有害物の取扱いや、ガス・粉じんが発生する職場には局所排気装置を設置したり、保護具の着用をすすめるなど、さまざまな対策がなされています。

　しかし、作業者が用意された保護具を装着しなかったり、局所排気装置が働かないようにして作業をすれば、健康を守ることはできません。職場においても自分の健康は自分で守ることをいつも心がけましょう。

③ 作業手順を 守ろう

◎正しい作業の実行が 仕事の第一歩

一つひとつの作業にはそれぞれやり方が決められており、その多くは作業手順書としてまとめられています。

この作業手順書は、先輩たちの経験や失敗の反省も踏まえながら、作業を効率よく、安全に行えるように作られています。

災害の多くは作業手順を守らなかったことにより起きていることから、作業を勝手に自分のやりやすい方法に変えてはいけません。

◎作業手順に習熟しよう

作業手順どおりに作業を行わないと、肩や首がこったり、腰が痛くなったり、また疲労につながるなど、からだへも悪影響を及ぼします。

ケガをせず、健康に働くために作業手順を守り、作業のやり方をしっかり身につけましょう。

安全装置・防護設備

◎安全装置を無効にしてはいけない

　プレス機械や回転する危険な機械設備には、事故を防ぐための安全装置がつけられています。また、危険・有害な作業には、作業者の健康と職場全体の環境を守るために各種防護設備が設けられています。

　仕事がやりにくいからといって、安全装置や防護設備が働かなくなるようなことをしてはいけません。

❶カバーなどの防護設備を勝手に取り外したり、位置を変えないこと。

❷修理や緊急のために安全装置を取り外した場合は、終了後すぐに元のように取り付けること。

❸有害物のガス・蒸気・粉じんなどが発散しないように密閉してある設備の扉やカバーを開けっ放しにしないこと。

❹局所排気装置の吸込み口のフードの位置や形を勝手に変えないこと。

❺全体換気装置の排気口周辺に物を置かないこと。

◎点検で効果の確認

　作業前や定期的に安全装置・防護設備の点検を行い、正常に働くかどうかチェックしましょう。故障を発見したら、上司に連絡しましょう。

5
危険物・有害物の取扱い

爆発性・発火性・引火性のあるもの（危険物）はちょっとでも取扱い方を誤ると大変な事故になります。

たとえば、油類の入っていた空のドラム缶に火気を近づけたり、塗装したばかりの部屋で火気を使用すると爆発する危険があります。また、有機溶剤など有害物は目に見えないものが多くあるため、注意をせずに取扱いがちですが、長い間扱いつづけると健康に悪影響が現れます。

取り扱う物質について十分な知識を持つことと、取扱いには細心の注意が必要です。

◎危険物・有害物を取り扱うときの注意

❶必ず定められた方法で作業を行う。
❷作業に応じた保護具を必ず装着する。
❸危険物・有害物は床にこぼしたり、直接手で触れてはいけない。
❹有害物を扱ったら、必ず手を洗う。
　作業服のままで家に帰ってはいけない。
❺容器に貼られた表示ラベルやSDS（安全データシート）で、取り扱う物質の性質をよく知っておく。）

※SDS（Safety Data Sheet）
　有害な物を他の企業に引き渡す際に通知しなければならない、有害性など必要な情報を記載した文書のことをいう。

適切な保護具を
正しく装着しよう

保護帽

しゃ光眼鏡・
保護眼鏡

防毒マスク・
防じんマスク

耳せん

墜落制止用器具

保護手袋

安全靴

◎保護具装着は最後の砦

　機械設備に安全対策をしたり、作業環境を
健康に影響のないようにしても、有害物を取
り扱う作業や危険を伴う作業では、保護具を
装着することで自分の身を守らなければなら
ないときがあります。

◎適切な保護具を正しく装着

　保護具には、体のそれぞれの部分を守るた
めにさまざまな種類があるので、作業に応じ
た保護具をしっかりと装着しましょう。

　保護具は装着の仕方が悪いと保護具の役目
を果たしません。正しい方法で装着しましょ
う。

■それぞれの保護具の正しい装着法

安全靴
かかとに人
差し指が入
るか。

保護帽
まっすぐ深
くかぶり、
あごひもを
締める。

耳栓
耳の上部を
後ろ上方に
ひっぱって
耳栓を入れ
る。

墜落制止用器具
ベルトを体格にあ
わせてたるみがな
いように調節し、
フックは腰より高
い位置に取り付け
る。

防毒マスク・
防じんマスク
吸気口を軽くふさ
ぎ、もれがないか
チェックする。

7
4Sは安全衛生の基本

整理　整頓
4S
清掃　清潔

　4Sとは、整理・整頓・清掃・清潔のそれぞれの頭文字のSをとってつけられた安全衛生活動の名称です。通路に置きっぱなしになっていた材料につまずいて転倒した、荷の積み方が悪かったために崩れた荷でケガをしたなど、整理整頓がきちんと行われていなかったための事故が起きています。

整理とは…いらないものを片付けること
整頓とは…物を定められた場所に使いやすいようにきちんと置くこと
清掃とは…作業場や機械設備などの汚れやごみを除くこと
清潔とは…汚れやごみなどがないようにきれいにすること

◎4Sを継続しよう

❶ひと仕事・ひと片付けを実行する。
　（仕事の区切りで工具などを元に戻す）
❷不要物入れを適切な場所に置いておく。
❸定期的に機械・装置の手入れを行い、
　水漏れ・油漏れがないようにする。
❹正しい置き方、安全な積み方をする。
❺決められた場所に物を置く。工具などの置き場所をはっきり示し、整頓されていることが一目でわかるようにする。

通行ルールを守ろう

　構内では製品や材料を運搬するフォークリフトなどの車がひんぱんに走り、作業者も忙しく立ち働いています。道路上と同様に構内でも決められた通行のルールを守りましょう。

　また、通路に材料がはみ出ていたり、物を置かないようにいつも整理整頓をしておきましょう。

◎構内を通行するときの注意

❶原則として人は右側、
　車は左側通行をする。
❷必ず定められた通路を通る。
　近道や通り抜けをしてはいけない。
❸手をポケットに入れて歩かない。
❹足元や周囲の作業に注意して歩き、
　走ってはいけない。
❺通路を横切るときは、
　いったん止まって左右を確認する。
❻荷物を持っている人や運搬車には道を譲る。
❼出入り口や曲がり角では、
　一呼吸おいてから行動する。

ビクッ

9 正しい運搬の仕方

　物の移動や運搬は簡単な作業のようにみえます。しかし、十分に注意をしないと、腰を痛めたり、荷を落としてケガをするなどの災害がおきる恐れがあるので、正しい運搬の方法を学びましょう。

❶**重い物を持ち上げるとき**…足に重心を置き体を物に近づけて背骨をまっすぐにし、足の屈伸で持ち上げるようにする。

❷**抱えて運ぶとき**…小分けにし、前が見えるように運ぶ。

❸**担いで運ぶとき**…頭上が見えにくく、体を自由に曲げられないので、運搬する経路やその上方に障害物がないか、あらかじめ調べておく。

❹**長尺物を運ぶとき**…前方の端が自分の身長よりやや高めになるように担ぎ、曲がる際は壁に突き当たらないように注意する。

❺**共同で運ぶとき**…体力や身長にあまり差がないようにする。誰がリーダーか決めておき、リーダーの指示や掛け声にあわせて作業をする。

手工具を安全に使用しよう

　ハンマー、スパナ、ドライバーなどを手工具といいます。手工具の使用は特別な訓練を必要としないため、使い方については特に意識せずに作業をしてしまいます。しかし、手工具を使用する作業では、軽い災害から重症に至る災害まで数多く起きています。手工具の正しい使い方を覚えておきましょう。

❶使う前には柄にゆるみ、傷などがないか点検をし、不良なものは修理をするか、使わないようにする。
　（クサビがなく頭の抜けそうなハンマー、柄が割れているドライバーなど）
❷それぞれ決まっている用途以外に使用しない。（たとえば、スパナをハンマー代わりに使わない）
❸手工具を使う前に、周囲の作業に不要なものを片付ける。
❹正しい使い方を覚えておく。
　（例：ハンマー使用時は手袋をしない、鏨の使用では保護めがねを着用する、など。）
❺使用した手工具は種類と数を確認し、油はきれいに拭き取り、不具合がないことを確かめ、決められた場所に戻す。

Ⅺ 危険予知訓練 (KYT)

仕事中ずっと注意を持続させるのは難しいことです。誰でもついうっかり、ぼんやりしたり、見間違い、聞き間違いをすることがあります。そうしたミスは重大な事故につながるおそれがあるので、できるだけミスを少なくするために生まれたのが、「危険予知訓練」です。

「危険予知訓練」は5〜6人で具体的な作業のイラストを見ながら、話し合い、考え合い、気づき合う訓練です。

◎危険予知訓練の進め方

【第1ラウンド】
どんな危険がひそんでいるか。「〜なので、〜して、〜になる」のように思いつくことをどんどん発言する。

【第2ラウンド】
その中で特に緊急に対策が必要なこと（危険のポイント）をあげる。

【第3ラウンド】
危険のポイントに対する対策をどんどん出す。

【第4ラウンド】
対策の中からチームの行動目標を決める。「指差し呼称」で重点項目を確認する。

◎作業の前に危険予知

毎朝のミーティングや作業の前に、グループの作業者が現場に集まり、3〜5分間のKY（危険予知）を行ってから作業を始めましょう。

災害が
起きたら

　職場で万が一災害が起きたとき、どのような行動をとればよいでしょう。

　そのときの対応が適切でないと、事態をさらに悪くする場合があります。

● ピットで倒れている人を救い出そうとして、自分もピットに入り中毒した。
● 感電した人を助けようと触れたとたん感電した。
● 指に刺さったとげをそのままにしておいたら化膿した。

◎対応のルールを覚えておこう

　自分がケガをしたり、トラブルを起こしたりした場合、次のように冷静に対応しましょう。

❶一呼吸をして、心を落ち着ける。
❷すみやかに、正確に事実を先輩や上司に報告し、指示に従う。
❸どんなに小さなケガやトラブルでも隠さず報告する。
❹機械の故障やトラブルは、機械を止めたのち担当者を呼びに行き、担当者が到着するまで待機する。

13 安全な服装をしよう

作業をするときの服装は格好よさよりも、仕事がしやすく、安全であるかを第一に考えることが大切です。

だぶだぶの上着やズボンは、端が機械に引っかかったり、巻き込まれたりして、重大な事故になるおそれがあります。

作業前のミーティングのときに、安全で仕事にふさわしい服装か、作業者同士が向かい合って、頭から足先までチェックをしましょう。

◎作業前の服装チェック

❶体にぴったり合ったものを着ているか
❷上着や袖口のボタンはしっかりかけているか
❸作業服のほころびや裂け目はつくろってあるか
❹油じみや汚れがないように洗濯をし、清潔にしてあるか
❺暑くても、決められた作業服を着用しているか
❻ポケットに刃物やドライバー、発火しやすいものを入れていないか
❼履物は決められた作業靴をきちんと履いているか（作業に応じて安全靴、静電靴、高所作業用靴などを履く）
❽髪を作業帽などで覆っているか